AF205474

Impressum
Verlag: BABADADA GmbH, Nedderfeld 112 , 22529 Hamburg
Geschäftsführer / Verlagsleitung: Harald Hof
Druck: Books on Demand GmbH, In de Tarpen 42, 22848 Norderstedt

Imprint
Publisher: BABADADA GmbH, Nedderfeld 112 , 22529 Hamburg, Germany
Managing Director / Publishing direction: Harald Hof
Print: Books on Demand GmbH, In de Tarpen 42, 22848 Norderstedt

sekolah
school

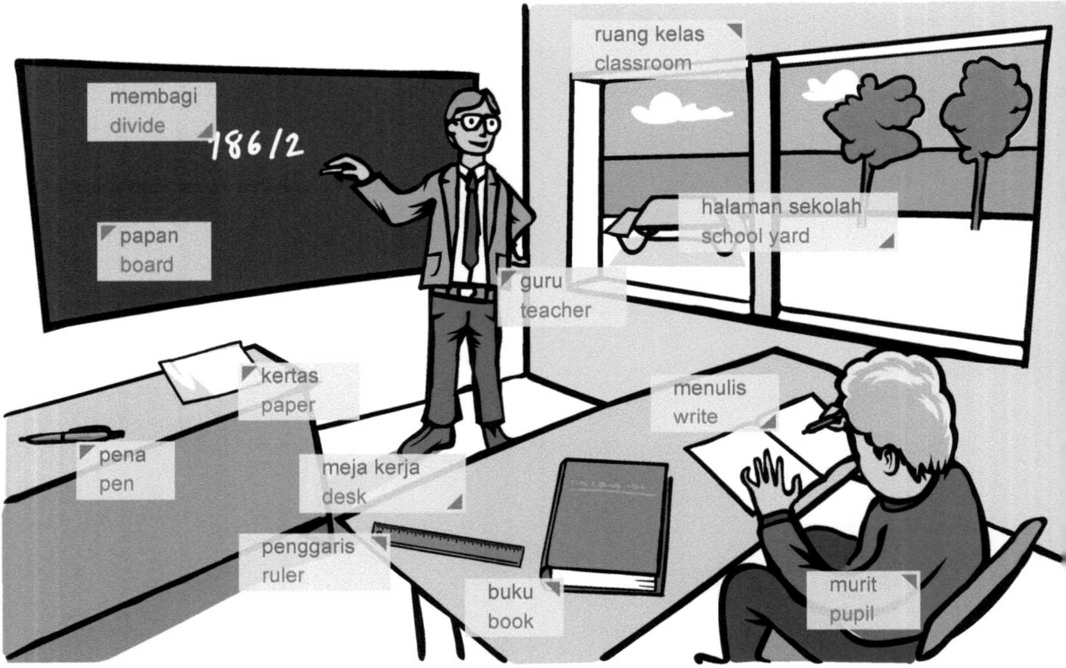
ruang kelas
classroom
membagi
divide
186/2
papan
board
halaman sekolah
school yard
guru
teacher
kertas
paper
menulis
write
pena
pen
meja kerja
desk
penggaris
ruler
buku
book
murit
pupil

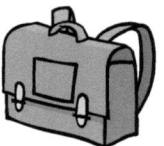

tas sekolah

satchel

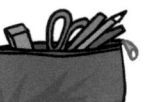

tempat pensil

pencil case

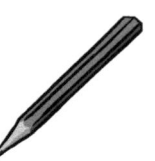

pensil

pencil

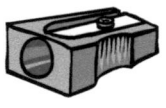

pengasah pensil

pencil sharpener

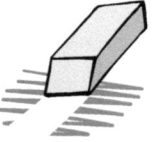

penghapus

rubber

kertas gambar

drawing pad

gambar

drawing

kuas

paintbrush

kotak cat

paint box

gunting

scissors

lem

glue

buku latihan

exercise book

pekerjaan rumah

homework

angka

number

2+2

tambhakan

add

5-2

mengurangi

subtract

2×2

mengalikan

multiply

menghitung

calculate

A

huruf

letter

ABCDEFG
HIJKLMN
OPQRSTU
VWXYZ

alfabet

alphabet

hello

kata

word

teks

text

membaca

read

kapur

chalk

pelajaran

lesson

daftar

register

ujian

exam

sertifikat

certificate

seragam sekolah

school uniform

pendidikan

education

ensiklopedi

encyclopedia

universitas

university

mikroskop

microscope

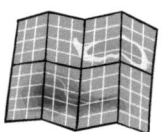

peta

map

tempat sampah

waste-paper basket

perjalanan

travel

hotel
hotel
Grand
hostel
hostel
ROOMS
EXCHANGE
kantor pertukaran mata uang
bureau de change
koper
suitcase
mobil
car

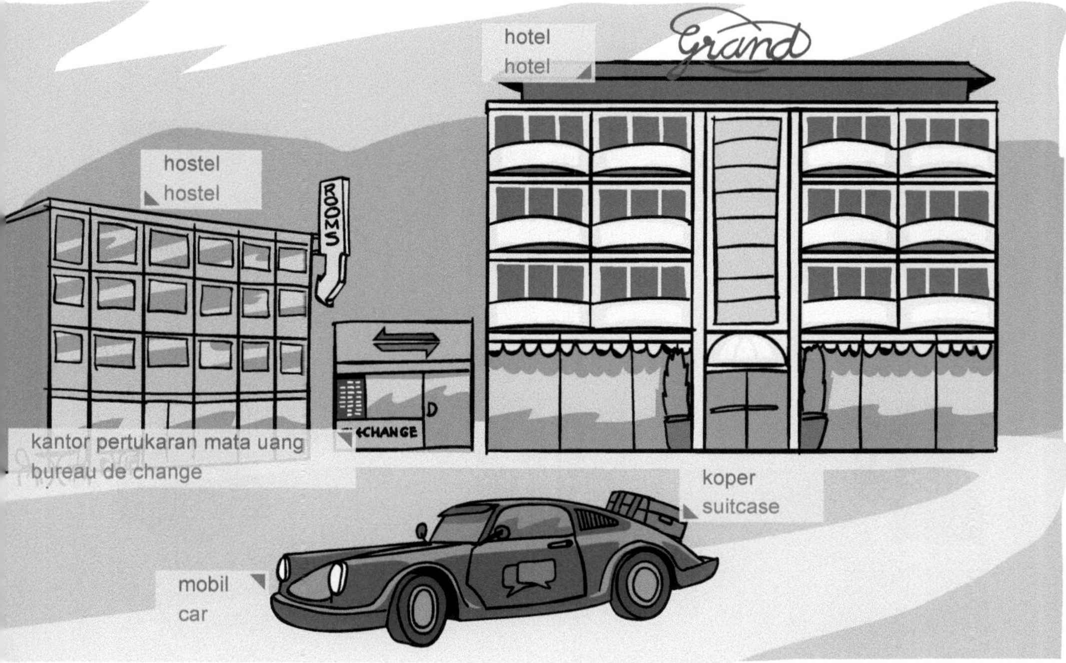

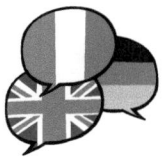

bahasa
language

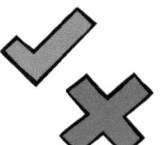

ya / tidak
yes / no

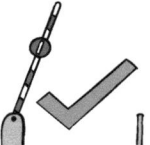

okay
Okay

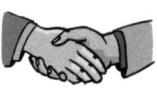

hallo
hello

penerjemah
translator

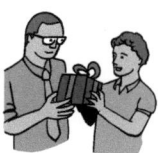

terima kasih
Thank you

Berapa harganya...?

how much is...?

saya tidak mengerti

I do not understand

masalah

problem

Selamat malam!

Good evening!

Selamat siang!

Good morning!

Selamat tidur!

Good night!

sampai jumpa

bye bye

arah

direction

bagasi

luggage

tas

bag

ransel

backpack

tamu

guest

ruang

room

kantong tidur

sleeping bag

tenda

tent

informasi wisata

tourist information

pantai

beach

kartu kredit

credit card

sarapan

breakfast

makan siang

lunch

makan malam

dinner

tiket

ticket

elevator

lift

perangko

stamp

perbatasan

border

cukai

customs

kedutaan

embassy

visa

visa

paspor

passport

transportasi

transport

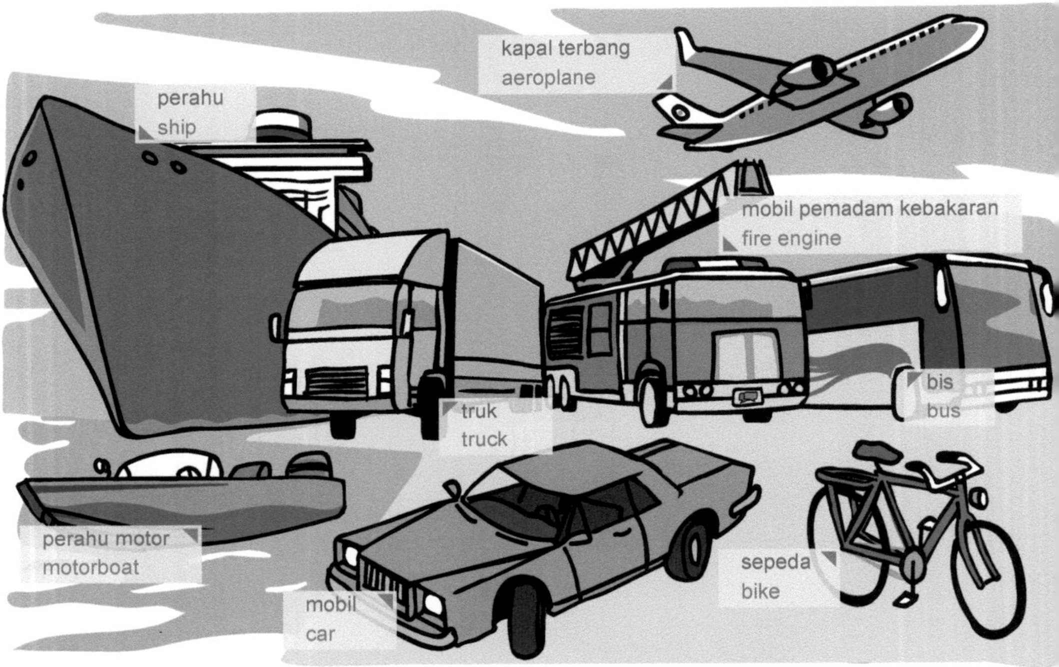

kapal terbang
aeroplane
perahu
ship
mobil pemadam kebakaran
fire engine
truk
truck
bis
bus
perahu motor
motorboat
sepeda
bike
mobil
car

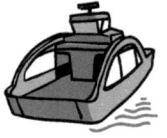

feri

ferry

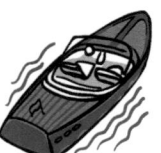

perahu

boat

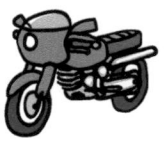

sepeda motor

motorbike

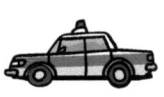

mobil polisi

police car

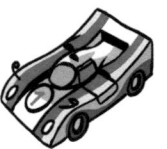

mobil balapan

racing car

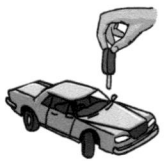

mobil sewa

rental car

berbagi mobil
car sharing

truk derek
breakdown truck

truk sampah
refuse truck

motor
motor

bahan bakar
fuel

bensin
petrol station

tanda lalulintas
traffic sign

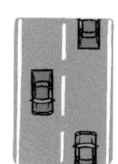

lalulintas
traffic

macet
traffic jam

parkir mobil
car park

stasiun kereta
train station

trek
tracks

kereta api
train

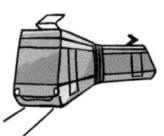

tram
tram

gerobak
carriage

helikopter

helicopter

bendara

airport

menara

tower

penumpang

passenger

container

container

karton

carton

troli

cart

keranjang

basket

berangkat / mendarat

take off / land

kota
city

desa

village

pusat kota

city centre

rumah

house

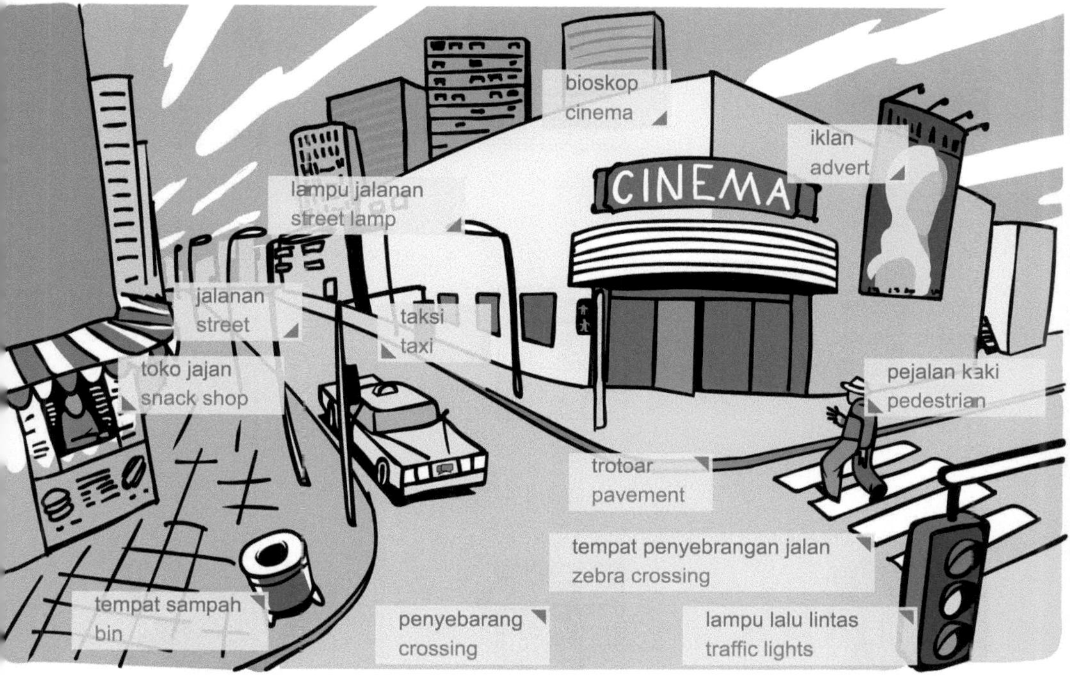

bioskop
cinema

iklan
advert

lampu jalanan
street lamp

CINEMA

jalanan
street

taksi
taxi

pejalan kaki
pedestrian

toko jajan
snack shop

trotoar
pavement

tempat penyebrangan jalan
zebra crossing

tempat sampah
bin

penyebarang
crossing

lampu lalu lintas
traffic lights

gubuk

hut

rumah flat

flat

stasiun kereta

train station

balai kota

town hall

museum

museum

sekolah

school

universitas

university

bank

bank

rumah sakit

hospital

hotel

hotel

farmasi

pharmacy

kantor

office

toko buku

book shop

toko

shop

toko bunga

florist's

supermarket

supermarket

pasar

market

toko serba ada

department store

nelayan

fishmonger's

pusat belanja

shopping centre

pelabuhan

harbour

taman

park

banku

bench

jembatan

bridge

tangga

stairs

kereta bawah tanah

underground

terowongan

tunnel

pemberhantian bis

bus stop

bar

bar

restauran

restaurant

kotak surat

postbox

tanda jalan

street sign

meteran parkir

parking meter

kebun binatang

zoo

kolam renang

swimming pool

mesjid

mosque

pertanian

farm

polusi

pollution

kuburan

graveyard

gereja

church

tempat bermain

playground

pura

temple

pemandangan

landscape

daun
leaf

penunjuk arah
signpost

jalanan
way

padang rumput
meadow

batu
stone

pohon
tree

pejalak kaki
hiker

sungai
river

rumput
grass

bunga
flower

lembah

valley

bukit

hill

danau

lake

hutan

forest

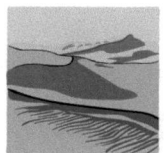

padang gurun

desert

gunung berapi

volcano

istana

castle

pelangi

rainbow

jamur

mushroom

pohon palem

palm tree

nyamuk

mosquito

lalat

fly

semut

ant

lebah

bee

laba-laba

spider

kumbang

beetle

kodok

frog

tupai

squirrel

landak

hedgehog

kelinci

hare

burung hantu

owl

burung

bird

angsa

swan

babi jantan

boar

rusa

deer

rusa

moose

bendungan

dam

turbin angin

wind turbine

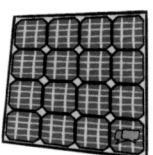

panel surya

solar panel

iklim

climate

pelayan
waiter

daftar makanan
menu

kursi
chair

sup
soup

pizza
pizza

peralatan makan
cutlery

taplak
tablecloth

hindangan pembuka
starter

hidangan utama
main course

hidangan penutup
dessert

minuman
drinks

makanan
food

botol
bottle

fastfood

fast food

masakan jalanan

street food

teko teh

teapot

kaleng gula

sugar bowl

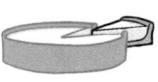

porsi

portion

mesin espresso

espresso machine

kursi tinggi

high chair

tagihan

bill

baki

tray

pisau

knife

garpu

fork

sendok

spoon

sendok teh

teaspoon

serbet

serviette

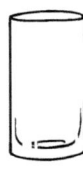

gelas

glass

piring

plate

piring sup

soup plate

lepek

saucer

saus

sauce

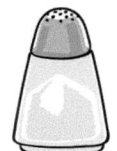

tempat garam

salt pot

gilingan merica

pepper mill

cuka

vinegar

minyak

oil

bumbu

spices

saus tomat

ketchup

mustar

mustard

mayones

mayonnaise

supermarket
supermarket

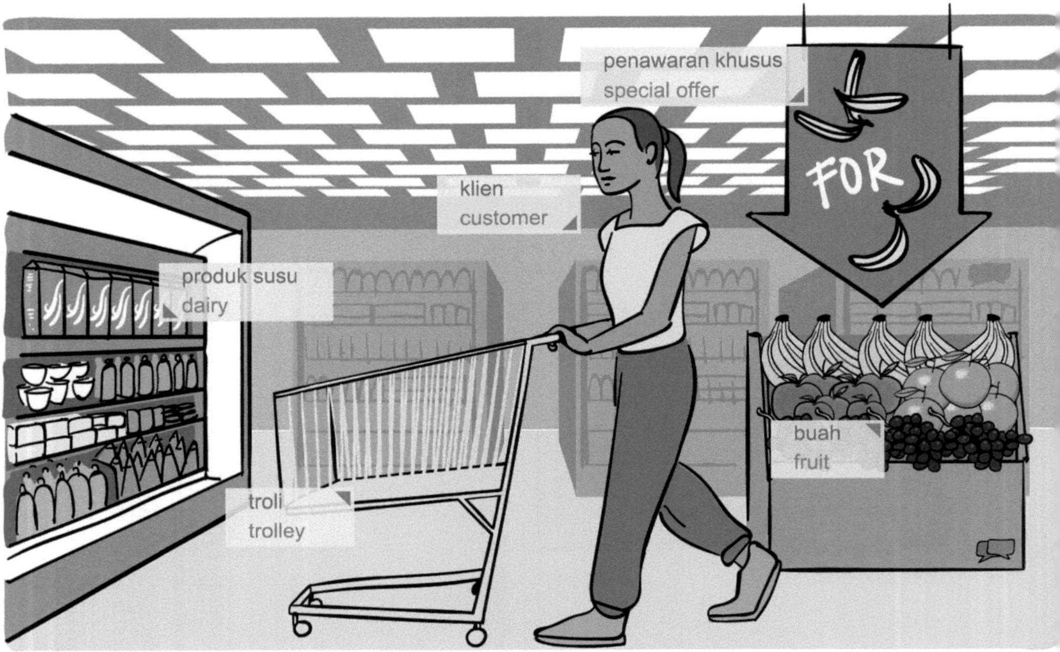
penawaran khusus
special offer
FOR
klien
customer
produk susu
dairy
buah
fruit
troli
trolley

BUTCHERS

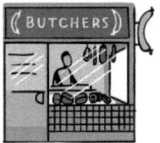

pembantai

butcher´s

BAKERY

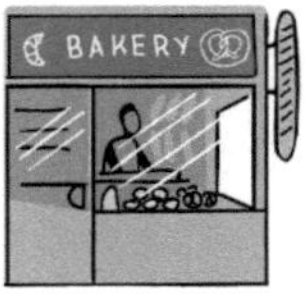

toko roti

baker´s

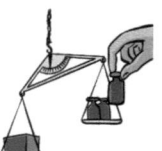

menimbang

weigh

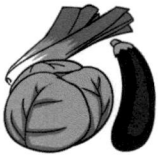

sayur

vegetables

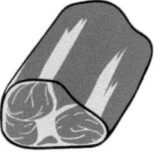

daging

meat

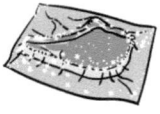

makanan beku

frozen food

pemotongan dingin

cold meat

makanan kaleng

tinned food

sabun serbuk

washing powder

permen

sweets

alat-alat rumah tangga

household products

obat pembersihan

cleaning products

penjual

salesperson

kasa

till

kasir

cashier

daftar belanja

shopping list

jam buka

opening hours

dompet

wallet

kartu kredit

credit card

tas

bag

kantong plastik

plastic bag

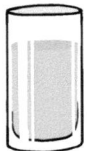

air

water

jus

juice

susu

milk

cola

coke

anggur

wine

bir

beer

alkohol

alcohol

coklat

cocoa

teh

tea

kopi

coffee

espresso

espresso

cappucino

cappuccino

pisang

banana

apel

apple

jeruk

orange

semangka

melon

jeruk lemon

lemon

wortel

carrot

bawang putih

garlic

bambu

bamboo

bawang bombai

onion

jamur

mushroom

kacang

nuts

mi

noodles

spagetti

spaghetti

nasi

rice

salat

salad

kentang goreng

chips

kentang goreng

fried potatoes

pizza

pizza

hamburger

hamburger

sandwich

sandwich

sayatan

cutlet

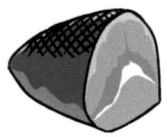

ham

ham

salami

salami

sosis

sausage

ayam

chicken

menggoreng

roast

ikan

fish

bubur gandum

porridge oats

sereal

muesli

cornflakes

cornflakes

tepung

flour

croissant

croissant

roti

bread roll

roti

bread

toast

toast

biskuit

biscuits

mentega

butter

dadih

curd

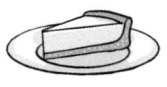

kue

cake

telur

egg

telur goreng

fried egg

keju

cheese

eskrim

ice cream

gula

sugar

madu

honey

selai

jam

krim nugat

chocolate spread

kare

curry

pertanian

farm

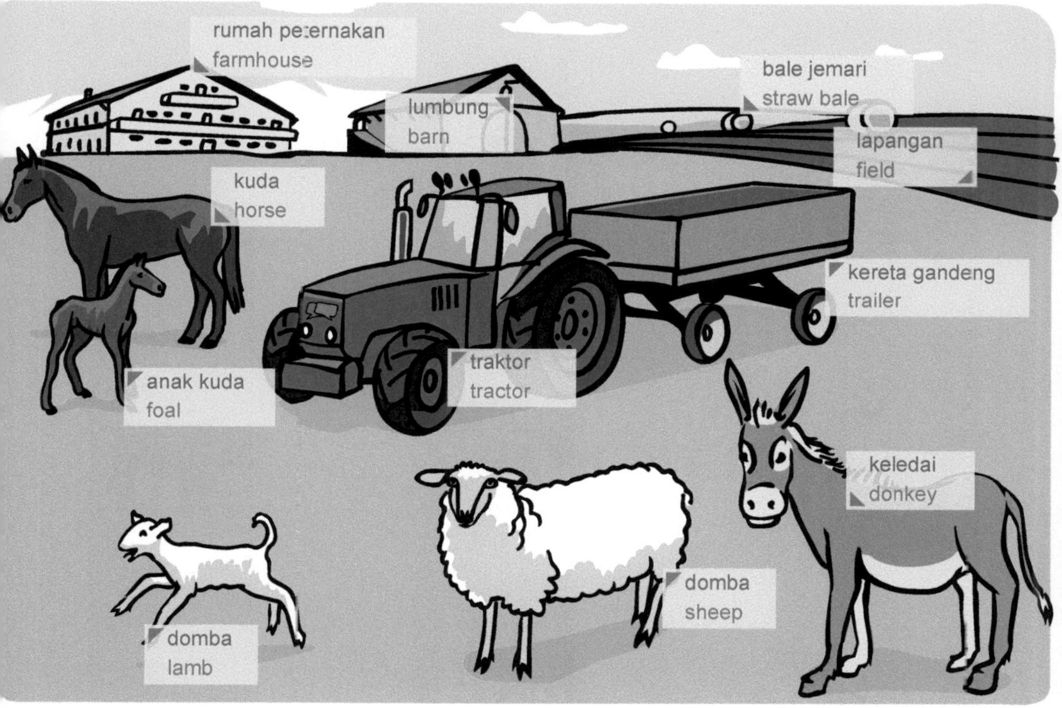
rumah peternakan
farmhouse
lumbung
barn
bale jemari
straw bale
lapangan
field
kuda
horse
kereta gandeng
trailer
anak kuda
foal
traktor
tractor
keledai
donkey
domba
sheep
domba
lamb

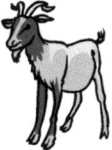

kambing

goat

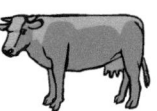

sapi

cow

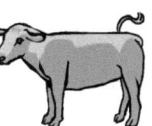

betis

calf

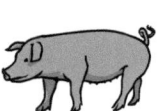

babi

pig

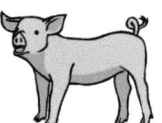

celeng

piglet

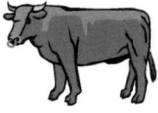

banteng

bull

angsa

goose

bebek

duck

anak ayam

chick

ayam

hen

ayam jantan

cock

tikus

rat

kucing

cat

tikus

mouse

lembu

ox

anjing

dog

rumah anjing

doghouse

selang

garden hose

penyiram

watering can

sabit

scythe

bajak

plough

sabit

sickle

cangkul

hoe

garpu rumput

pitchfork

kapak

axe

gerobak

wheelbarrow

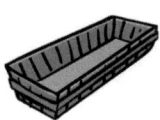

palung

trough

kaleng susu

milk can

karung

sack

pagar

fence

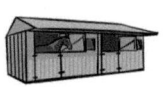

kandang

stable

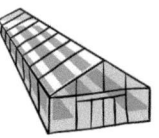

rumah kaca

greenhouse

tanah

soil

benih

seed

pupuk

fertilizer

mesin pemanen

combine harvester

panen

harvest

panen

harvest

yams

yams

gandum

wheat

kedelai

soy

kentang

potato

jagung

corn

lobak

rapeseed

pohon buah

fruit tree

singkong

cassava

sereal

cereals

rumah
house

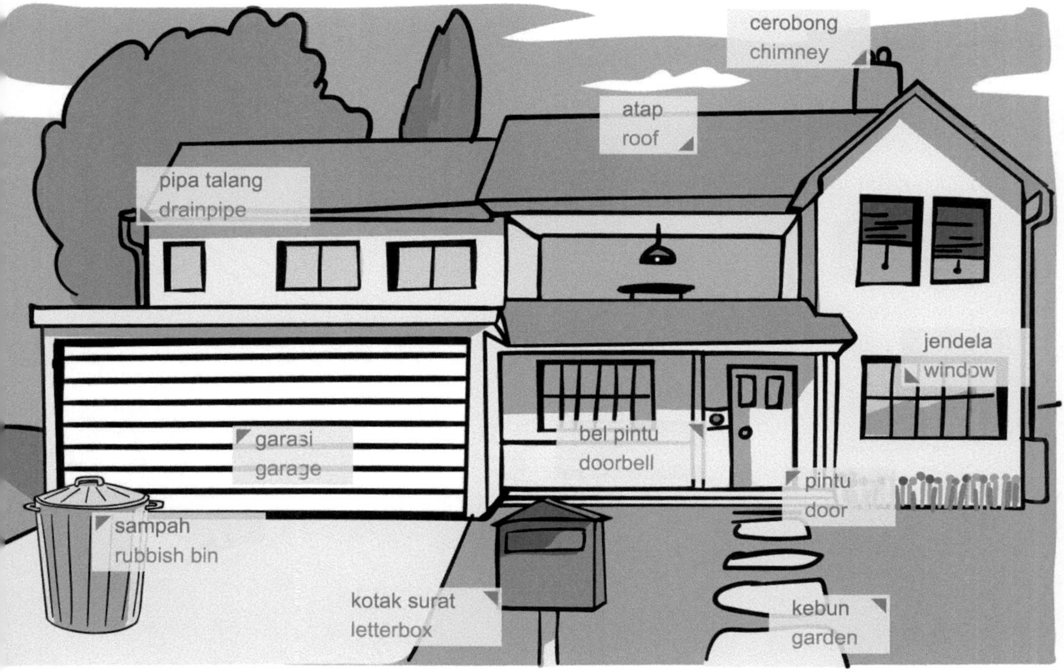

cerobong
chimney
atap
roof
pipa talang
drainpipe
jendela
window
garasi
garage
bel pintu
doorbell
pintu
door
sampah
rubbish bin
kotak surat
letterbox
kebun
garden

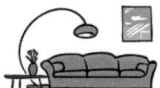

ruang tamu

living room

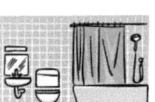

kamar mandi

bathroom

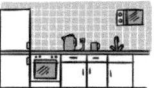

dapur

kitchen

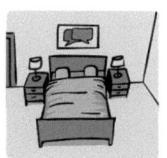

kamar tidur

bedroom

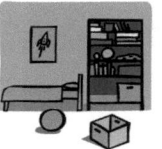

kamar anak

child's room

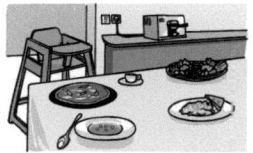

kamar makan

dining room

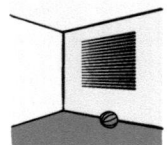

lantai

floor

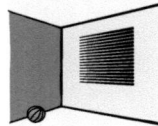

tembok

wall

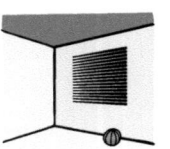

atap

ceiling

gudang di bawah tanah

cellar

sauna

sauna

balkon

balcony

teras

terrace

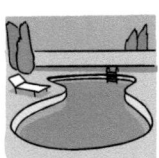

kolam renang

pool

mesin pemotong rumput

lawn mower

sprei

sheet

selimut

bedspread

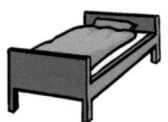

tempat tidur

bed

sapu

broom

ember

bucket

tombol

switch

ruang tamu
living room

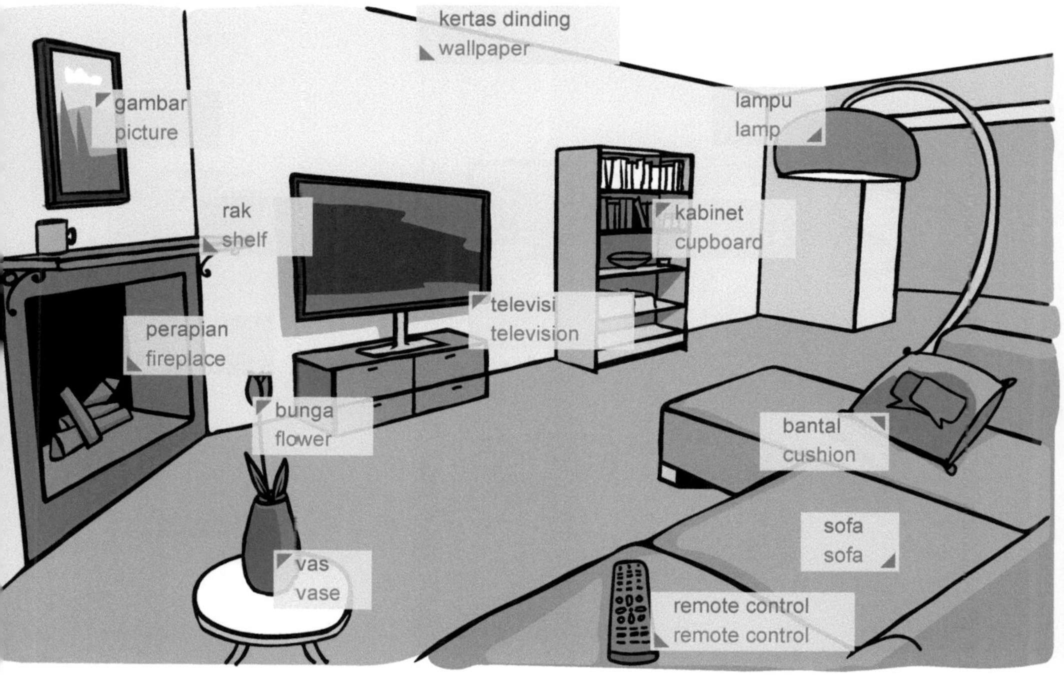
kertas dinding
wallpaper
gambar
picture
lampu
lamp
rak
shelf
kabinet
cupboard
televisi
television
perapian
fireplace
bunga
flower
bantal
cushion
sofa
sofa
vas
vase
remote control
remote control

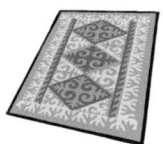

karpet
carpet

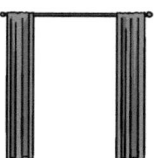

korden
curtain

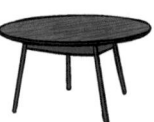

meja
table

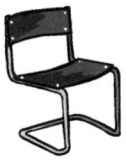

kursi
chair

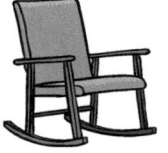

kursi goyang
rocking chair

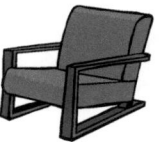

kursi malas
armchair

buku

book

selimut

blanket

dekorasi

decoration

kayu bakar

firewood

filem

film

hi-fi

hi-fi equipment

kunci

key

koran

newspaper

lukisan

painting

poster

poster

radio

radio

buku tulis

notepad

penyedot debu

hoover

kaktus

cactus

lilin

candle

dapur
kitchen

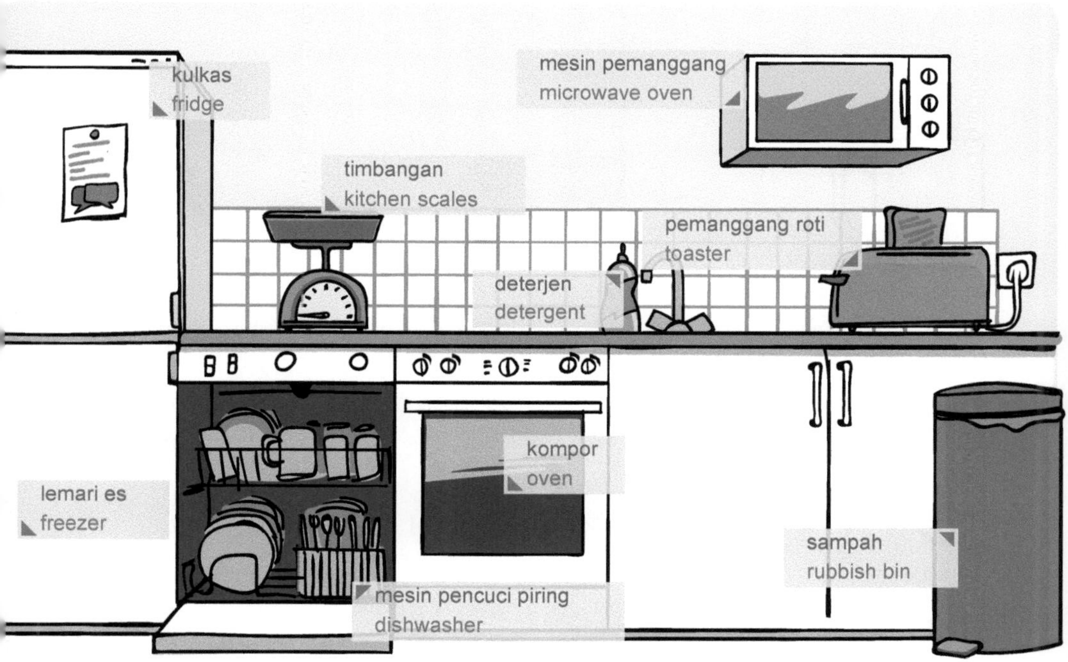

kulkas
fridge
mesin pemanggang
microwave oven
timbangan
kitchen scales
pemanggang roti
toaster
deterjen
detergent
kompor
oven
lemari es
freezer
sampah
rubbish bin
mesin pencuci piring
dishwasher

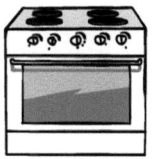

kompor

cooker

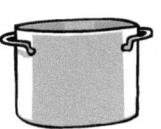

panci

pot

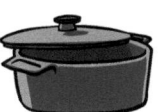

panci besi

cast-iron pot

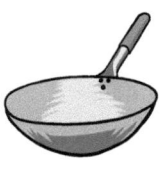

wajan

wok / kadai

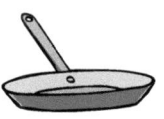

panci

pan

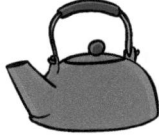

pemanas air

kettle

panci pengukus makanan

steamer

nampan

baking tray

piring

crockery

cangkir

mug

mangkok

bowl

sumpit

chopsticks

sendok sup

ladle

sudip

spatula

mengocok

whisk

saringan

strainer

saringan

sieve

parutan

grater

mortir

mortar

barbeque

barbecue

api terbuka

open fire

papan memotong

chopping board

gilingan

rolling pin

alat pembuka botol

corkscrew

kaleng

can

pembuka kaleng

can opener

pegangan panci

pot holder

wastafel

sink

sikat

brush

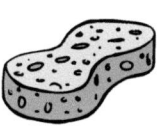

busa

sponge

mesin pencampur

blender

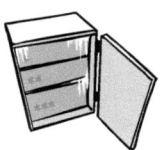

lemari es

deep freezer

botol bayi

baby bottle

keran

tap

kamar mandi
bathroom

mesin pemanas
heating

mandi
shower

handuk
towel

tirai kamar mandi
shower curtain

mandi busa
bubble bath

bak mandi
bathtub

gelas
glass

mesin cuci
washing machine

keran
tap

ubin
tiles

pispot
potty

wastafel
sink

toilet
toilet

toilet jongkok
squat toilet

bidet
bidet

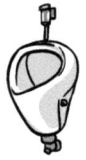

pissoir
urinal

kertas toilet
toilet paper

sikat toilet
toilet brush

sikat gigi

toothbrush

pasta gigi

toothpaste

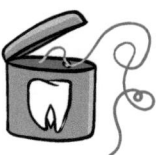

benang gigi

dental floss

menyuci

wash

pancuran tangan

handheld shower

pancuran

douche

bak

basin

sikat punggung

back brush

sabun

soap

gel mandi

shower gel

sampo

shampoo

planel

flannel

kuras

drain

krim

cream

deodoran

deodorant

kaca

mirror

cermin tangan

hand mirror

pisau cukur

razor

busa cukur

shaving foam

aftershave

aftershave

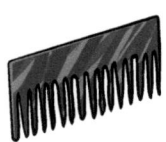

sisir

comb

sikat

brush

alat pengering rambut

hair dryer

semprot rambut

hairspray

makeup

makeup

lipstik

lipstick

cat kuku

nail varnish

kapas

cotton wool

gunting kuku

nail scissors

minyak wangi

perfume

kantong pencuci

washbag

bangku

stool

timbangan

weighing scale

mantel mandi

bathrobe

sarung tangan karet

rubber gloves

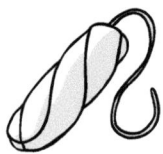

tampon

tampon

handuk pembalut

sanitary towel

toilet kimia

chemical toilet

kamar anak

child's room

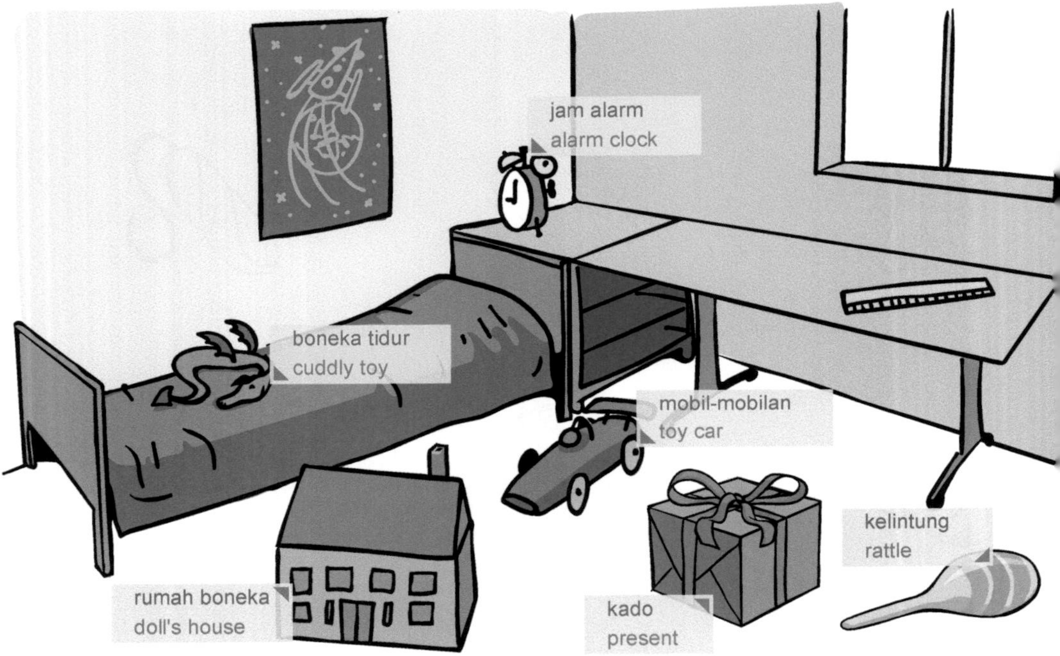

jam alarm
alarm clock
boneka tidur
cuddly toy
mobil-mobilan
toy car
kelintung
rattle
rumah boneka
doll's house
kado
present

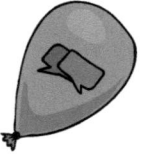

balon

balloon

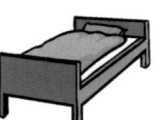

tempat tidur

bed

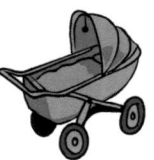

kereta bayi

pram

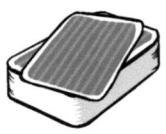

mainan kartu

deck of cards

teka-teki

jigsaw

SUPER MEGA

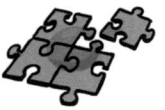

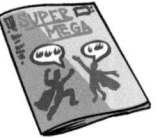

komik

comic

mainan lego

lego bricks

blok mainan

building blocks

figur aksi

action figure

baju monyet

babygrow

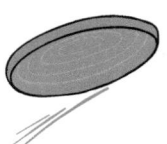

frisbee

frisbee

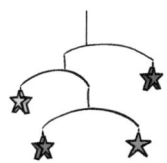

mobile

mobile

permainan papan

board game

dadu

dice

set model kreta api

model train set

dot

dummy

pesta

party

buku gambar

picture book

bola

ball

boneka

doll

bermain

play

tempat main pasir

sandpit

ayunan

swing

mainan

toys

video game konsol

video game console

sepeda roda tiga

tricycle

teddy

teddy bear

lemari pakaian

wardrobe

pakaian
clothing

kaos kaki

socks

kaos kaki

stockings

baju ketat

tights

syal
scarf

payung
umbrella

kaos
t-shirt

sabuk
belt

sepatu bot
boots

sandal
slippers

sepatu
trainers

sandal	sepatu	sepatu bot karet
sandals	shoes	rubber boots

celana dalam	BH	baju rompi
underpants	bra	vest

body

body

celana

trousers

jeans

jeans

rok

skirt

blus

blouse

kemeja

shirt

aket berkerudung

pullover

sweater

hoodie

jaket

blazer

jaket

jacket

mantel

coat

jas hujan

raincoat

kostum

costume

gaun

dress

gaun pengantin

wedding dress

setelan resmi

suit

gaun tidur

nightgown

piyama

pyjamas

sari

sari

jilbab

headscarf

turban

turban

burka

burqa

kaftan

kaftan

abaya

abaya

pakaian renang

swimsuit

celana renang

trunks

celana pendek

shorts

olah raga

tracksuit

celemek

apron

sarung tangan

gloves

kancing

button

kacamata

glasses

gelang

bracelet

kalung

necklace

cincin

ring

anting

earring

topi

cap

gantungan mantel

coat hanger

topi

hat

dasi

tie

ritsleting

zip

helm

helmet

tali selempang

braces

seragam sekolah

school uniform

seragam

uniform

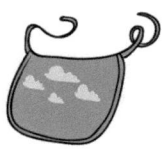

oto

bib

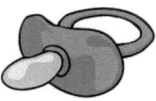

dot

dummy

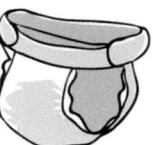

popok

nappy

kantor

office

server
server
lemari arsip
filing cabinet
kertas
paper
pencetak
printer
layar
monitor
mouse komputer
mouse
meja kerja
desk
tempat pengarsipan
folder
papan tombol
keyboard
tempat sampah
waste-paper basket
computer
computer
kursi
chair

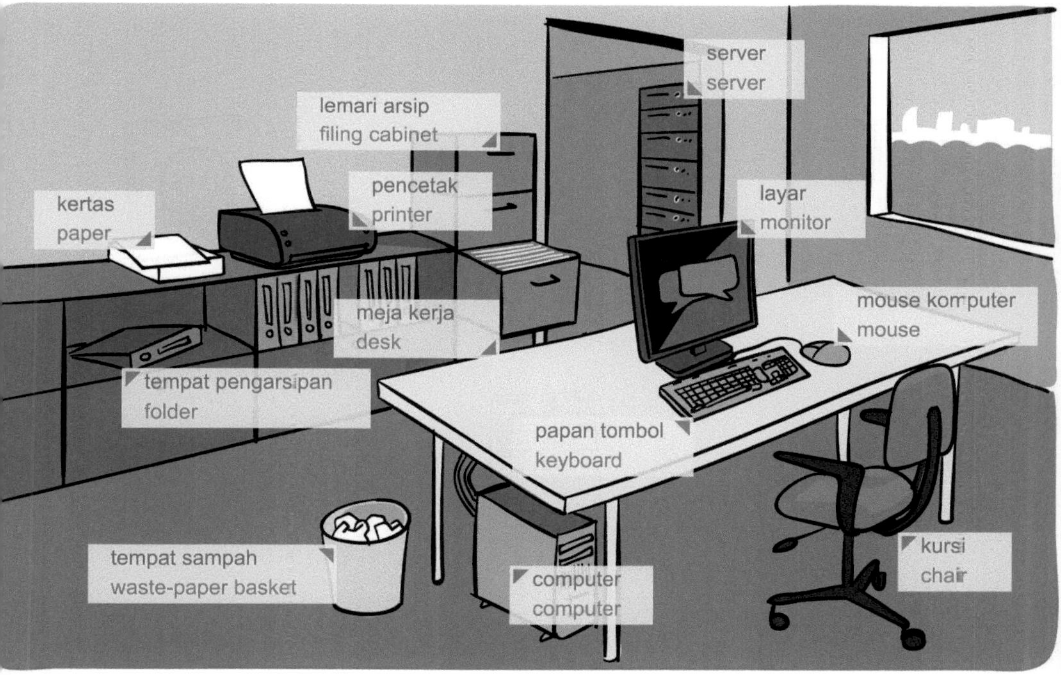

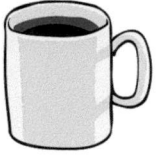

cangkir kopi

coffee mug

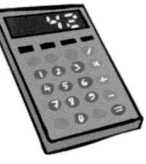

kalkulator

calculator

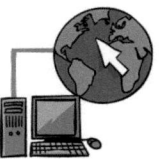

internet

internet

laptop

laptop

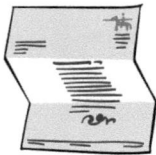

surat

letter

pesan

message

telepon seluler

mobile

jaringan

network

fotokopi

photocopier

software

software

telepon

telephone

plug soket

plug socket

mesin fax

fax machine

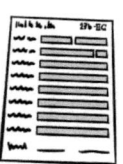

formulir

form

dokumen

document

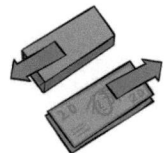

membeli

buy

membayar

pay

berdagang

trade

uang

money

 **USD**

Dollar

dollar

 **EUR**

Euro

euro

 **JPY**

Yen

yen

 **RUB**

Rubel

rouble

 **CHF**

Franc Swiss

Swiss franc

 **CNY**

Renminbi Yuan

renminbi yuan

 **INR**

Rupiah

rupee

ATM

cashpoint

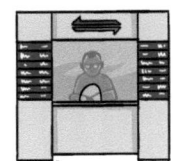

kantor pertukaran mata
uang

bureau de change

emas

gold

perak

silver

minyak

oil

energi

energy

harga

price

kontrak

contract

pajak

tax

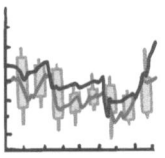

saham

stock

bekerja

work

karyawan

employee

majikan

employer

pabrik

factory

toko

shop

pekerjaan
occupations

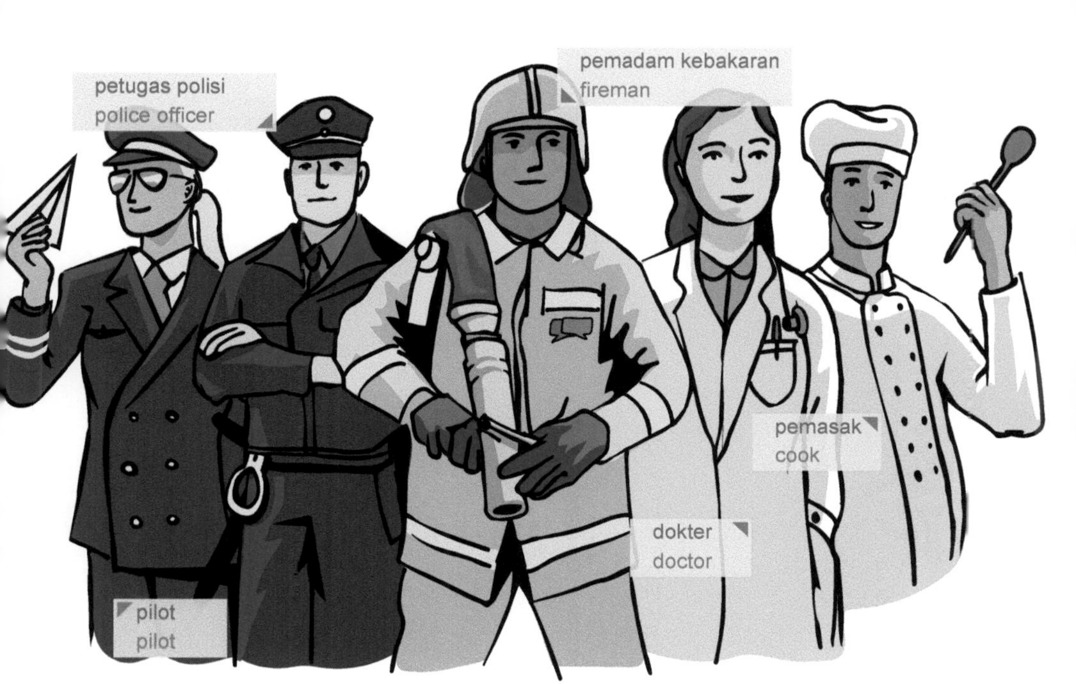
petugas polisi
police officer
pemadam kebakaran
fireman
pemasak
cook
dokter
doctor
pilot
pilot

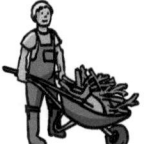

tukan kebun

gardener

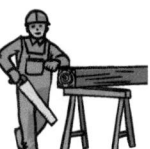

tukang kayu

carpenter

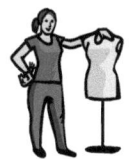

penjahit wanita

seamstress

hakim

judge

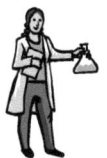

ahli kimia

chemist

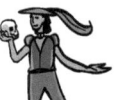

aktor

actor

sopir bis

bus driver

sopir taksi

taxi driver

nelayan

fisherman

pembantu

cleaning lady

tukang atap

roofer

pelayan

waiter

pemburu

hunter

pelukis

painter

tukang roti

baker

tukang listrik

electrician

pembangun

builder

insinyur

engineer

tukang daging

butcher

tukang ledeng

plumber

tukang pos

postman

tentara

soldier

arsitek

architect

kasir

cashier

penjual bunga

florist

penata rambut

hairdresser

konduktor

conductor

montir

mechanic

kapten

captain

dokter gigi

dentist

ilmuwan

scientist

rabbi

rabbi

imam

imam

biarawan

monk

pendeta

clergyman

alat
tools

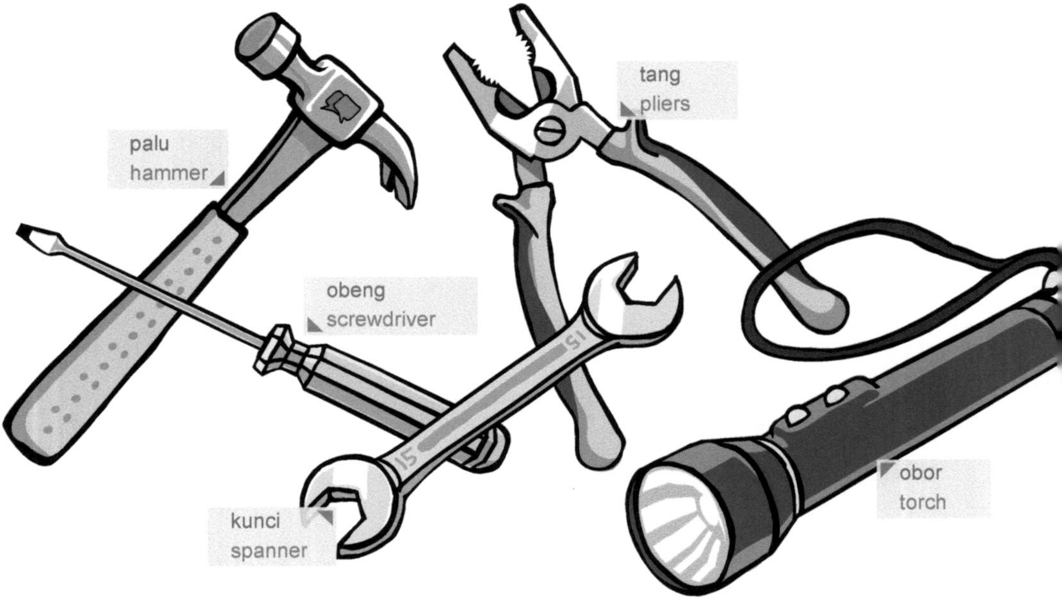

palu
hammer

tang
pliers

obeng
screwdriver

kunci
spanner

obor
torch

penggali

digger

tas perkakas

toolbox

tangga

ladder

gergaji

saw

paku

nails

bor

drill

perbaikan

repair

sekop

shovel

Sialan!

Damn!

cikrak

dustpan

pot cat

paint pot

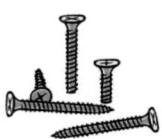

sekrup

screws

alat musik
musical instruments

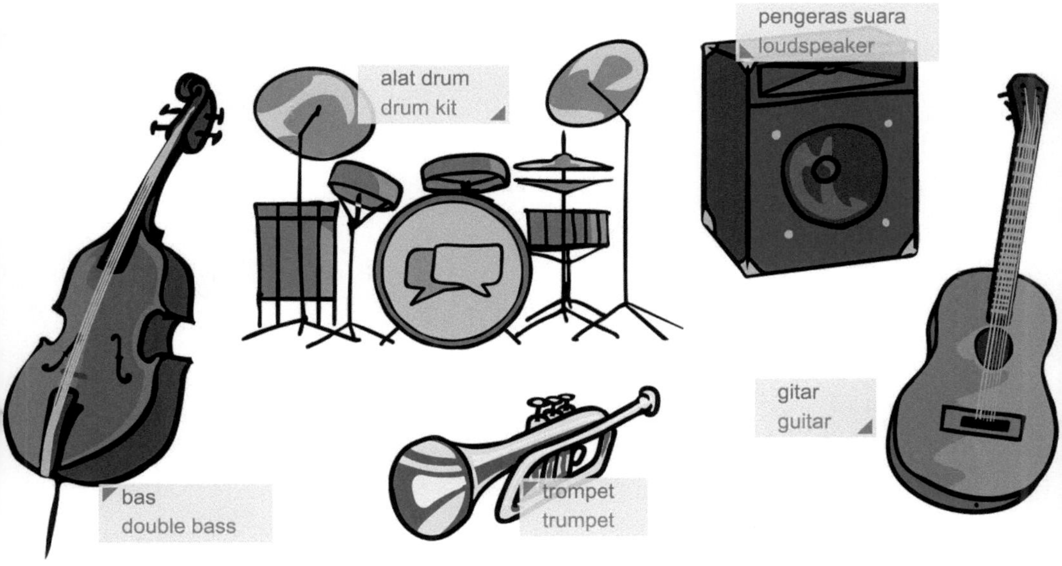

pengeras suara
loudspeaker

alat drum
drum kit

gitar
guitar

bas
double bass

trompet
trumpet

piano
piano

violin
violin

bass
bass

tambur
timpani

drum
drums

keyboard
keyboard

saksofon
saxophone

suling
flute

mikrofon
microphone

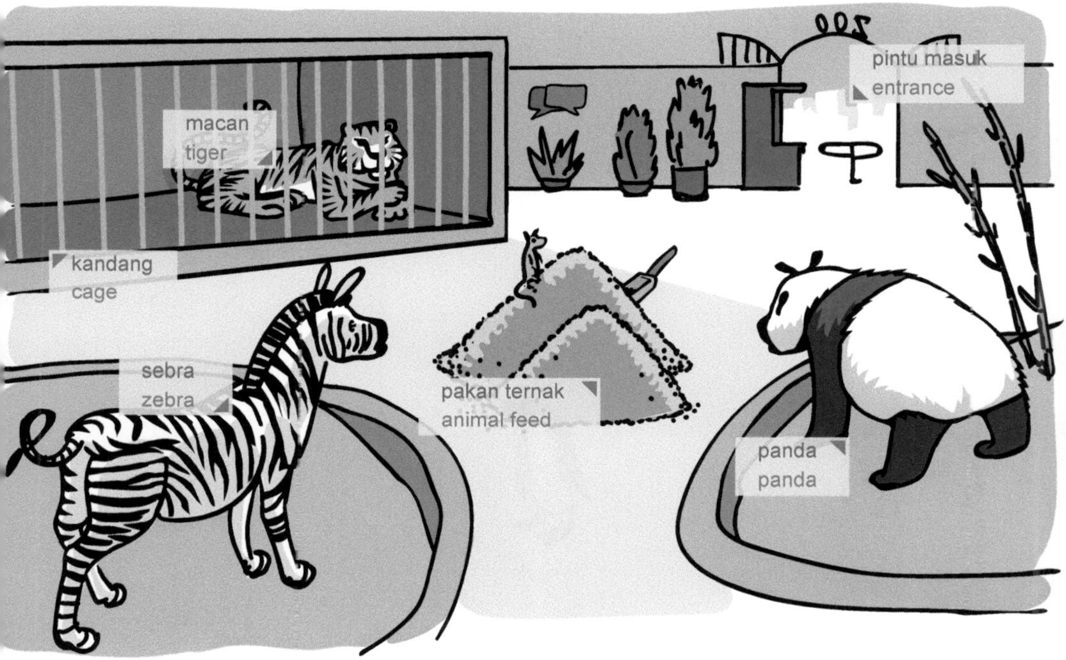

macan
tiger

pintu masuk
entrance

kandang
cage

sebra
zebra

pakan ternak
animal feed

panda
panda

hewan
animals

gajah
elephant

kanguru
kangaroo

badak
rhino

gorila
gorilla

beruang
bear

unta

camel

burung unta

ostrich

singa

lion

monyet

monkey

flamingo

flamingo

burung beo

parrot

beruang polar

polar bear

penguin

penguin

hiu

shark

merak

peacock

ular

snake

buaya

crocodile

penjaga kebun binatang

zookeeper

segel

seal

jaguar

jaguar

kuda poni

pony

macan tutul

leopard

kuda nil

hippo

jerapah

giraffe

burung elang

eagle

babi jantan

boar

ikan

fish

kura-kura

turtle

anjing laut

walrus

rubah

fox

kijang

gazelle

american football
American football

naik sepeda
cycling

tennis
tennis

basketbal
basketball

bernang
swimming

tinju
boxing

hoki es
ice hockey

sepak bola
football

badminton
badminton

atletik
athletics

bola tangan
handball

main ski
skiing

polo
polo

meloncat
jump

ketawa
laugh

memeluk
hug

berjalan
walk

menyanyi
sing

mengimpi
dream

berdoa
pray

mencium
kiss

menulis

write

melukis

draw

menunjuk

show

mendorong

push

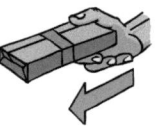

memberikan

give

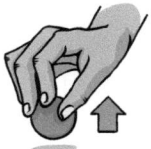

mengambil

take

mempunyai
have

melakukan
do

adalah
be

berdiri
stand

berlari
run

menarik
pull

melempar
throw

jatuh
fall

tidur
lie

menunggu
wait

membawa
carry

duduk
sit

berpakaian
get dressed

tidur
sleep

bangun
wake up

melihat

look at

menangis

cry

mengelus

stroke

menyisir

comb

berbicara

talk

mengerti

understand

menanyak

ask

mendengar

listen

minum

drink

makan

eat

merapikan

tidy up

cinta

love

memasak

cook

menyetir

drive

terbang

fly

berlayar

sail

menghitung

calculate

membaca

read

belajar

learn

bekerja

work

menikah

marry

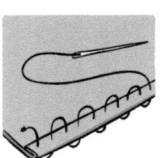

menjahit

sew

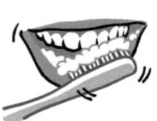

sikat gigi

brush teeth

membunuh

kill

merokok

smoke

kirim

send

keluarga
family

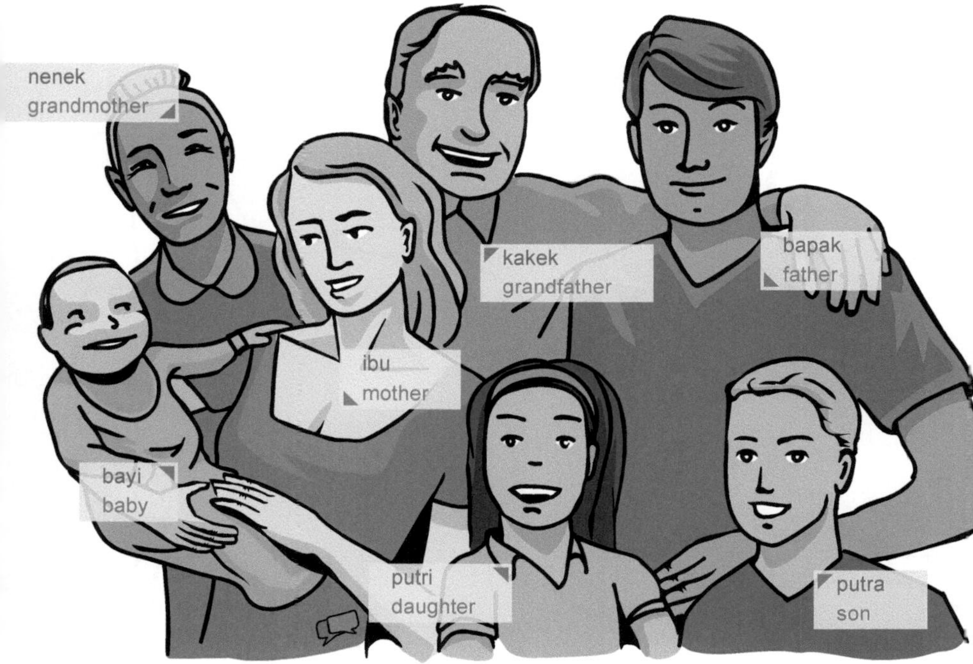

nenek
grandmother
kakek
grandfather
bapak
father
ibu
mother
bayi
baby
putri
daughter
putra
son

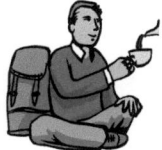

tamu

guest

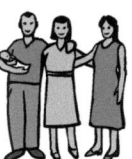

bibi

aunt

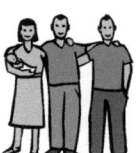

paman

uncle

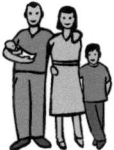

kakak laki

brother

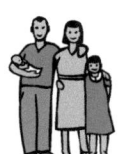

kakak perempuan

sister

badan

body

dahi
forehead
mata
eye
bahu
shoulder
jari
finger
muka
face
dagu
chin
tangan
hand
kaki
leg
payudara
breast
lengan
arm

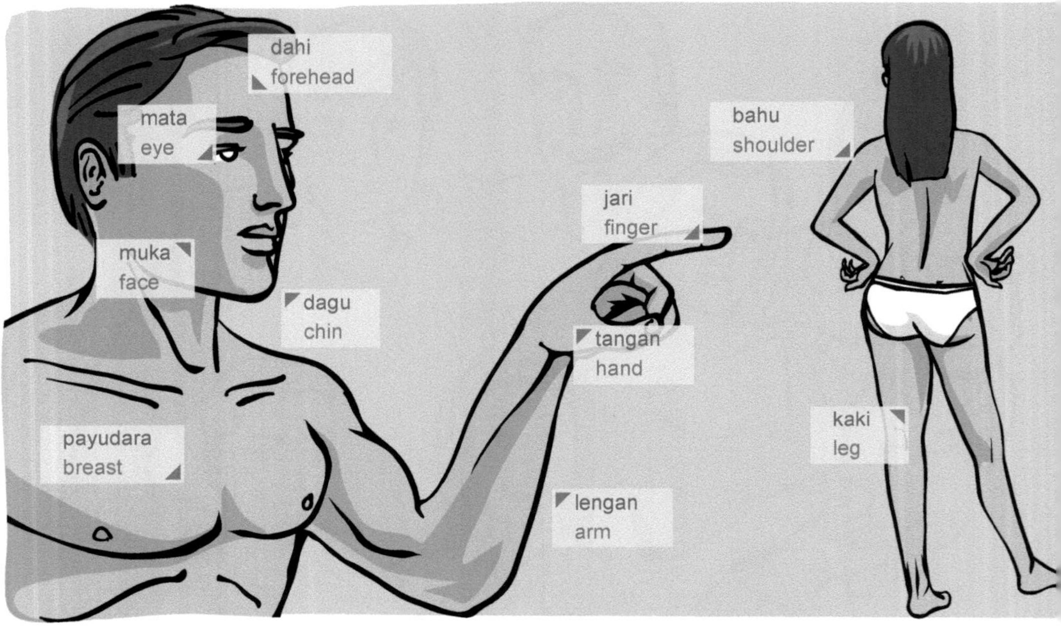

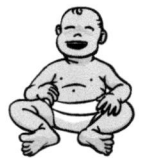

bayi

baby

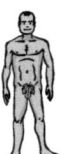

pria

man

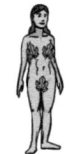

wanita

woman

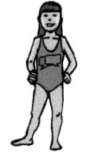

perempuan

girl

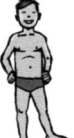

laki

boy

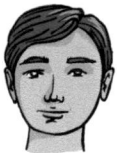

kepala

head

punggung

back

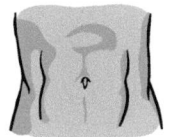

perut

belly

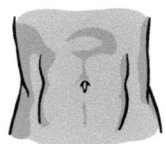

pusar

belly button

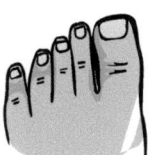

toe

toe

tumit

heel

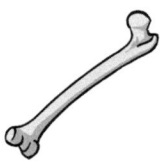

tulang

bone

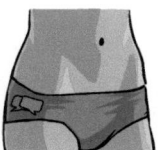

pinggang

hip

lutut

knee

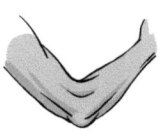

siku

elbow

hidung

nose

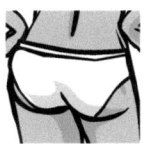

pantat

bottom

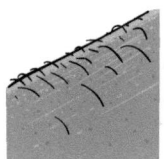

kulit

skin

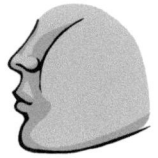

pipi

cheek

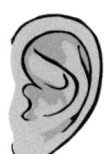

telinga

ear

bibir

lip

mulut

mouth

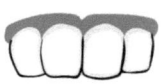

gigi

tooth

lidah

tongue

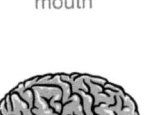

otak

brain

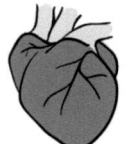

jantung

heart

otot

muscle

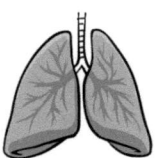

paru-paru

lung

hati

liver

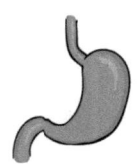

stomach

stomach

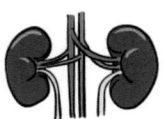

ginjal

kidneys

hubungan seks

sex

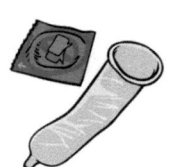

kondom

condom

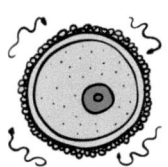

sel telur

ovum

sperma

semen

kehamilan

pregnancy

badan - body

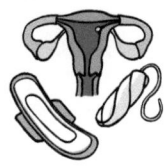

menstruasi

menstruation

vagina

vagina

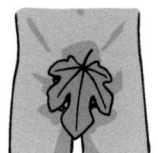

penis

penis

alis

eyebrow

rambut

hair

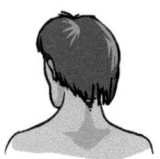

leher

neck

rumah sakit
hospital

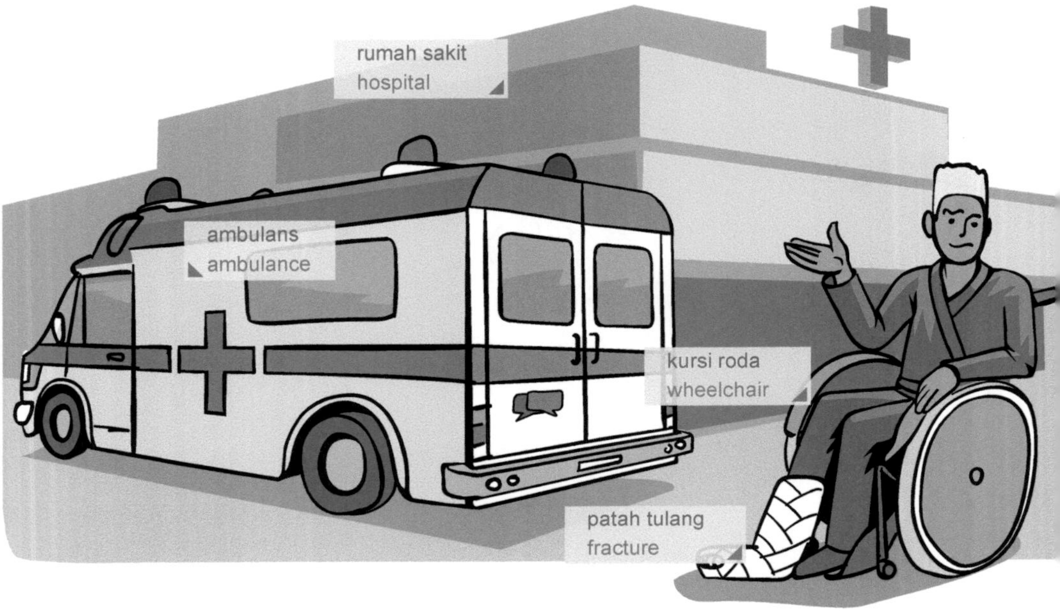

rumah sakit
hospital
ambulans
ambulance
kursi roda
wheelchair
patah tulang
fracture

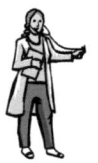

dokter

doctor

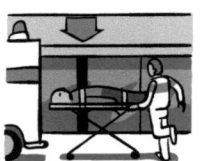

ruang darurat

emergency room

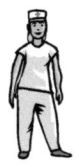

perawat

nurse

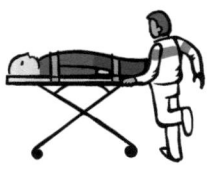

darurat

emergency

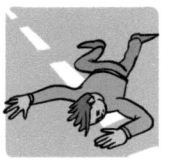

semaput

unconscious

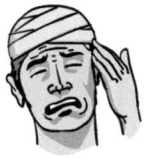

sakit

pain

cedera

injury

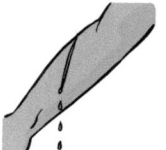

perdarahan

bleeding

serangan jantung

heart attack

stroke

stroke

alergi

allergy

batuk

cough

demam

fever

flu

flu

diare

diarrhoea

sakit kepala

headache

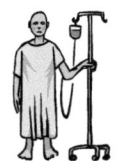

kanker

cancer

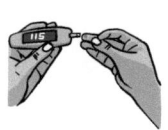

diabetes

diabetes

ahli bedah

surgeon

pisau bedah

scalpel

operasi

operation

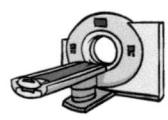

CT
CT

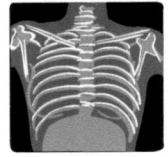

sinar x
x-ray

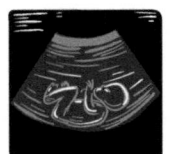

usg
ultrasound

topeng
face mask

penyakit
disease

ruang tunggu
waiting room

penyokong
crutch

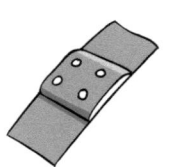

plester
plaster

perban
bandage

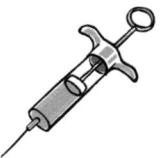

injeksi
injection

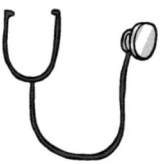

stetoskop
stethoscope

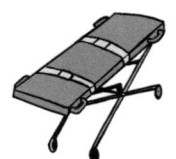

usungan
stretcher

termometer klinis
clinical thermometer

kelahiran
birth

kelebihan berat badan
overweight

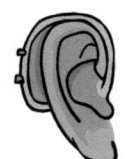

alat pendengar

hearing aid

desinfektan

disinfectant

infeksi

infection

virus

virus

HIV / AIDS

HIV / AIDS

obat

medicine

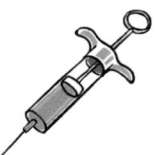

vaksinasi

vaccination

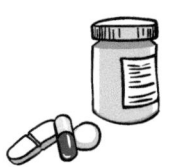

tablet

tablets

pil

pill

panggilan darurat

emergency call

ukur tekanan darah

blood pressure monitor

sakit / sehat

ill / healthy

Tolong!

Help!

alarm

alarm

penyerbuan

assault

serangan

attack

bahaya

danger

pintu darurat

emergency exit

Api!

Fire!

alat pemadam kebakaran

fire extinguisher

kecelakaan

accident

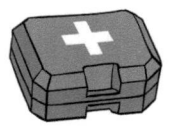

kit pertolongan pertama

first-aid kit

SOS

SOS

polisi

police

Eropa

Europe

Amerika Utara

North America

Amerika Selatan

South America

Afrika

Africa

Asia

Asia

Australi

Australia

Atlantik

Atlantic

Pasifik

Pacific

Samudra India

Indian Ocean

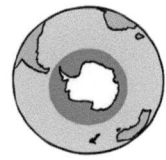

Samudra Antartika

Antarctic Ocean

Samudra Arktik

Arctic Ocean

kutub utara

North Pole

kutub selatan

South Pole

Antarktika

Antarctica

bumi

Earth

tanah

land

laut

sea

pulau

island

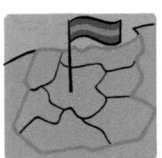

bangsa

nation

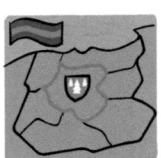

negara

state

jam wajah

clock face

jarum pendek

hour hand

jarum menit

minute hand

jarum detik

second hand

Jam berapa?

What time is it?

hari

day

waktu

time

sekarang

now

jam digital

digital watch

menit

minute

jam

hour

minggu
week

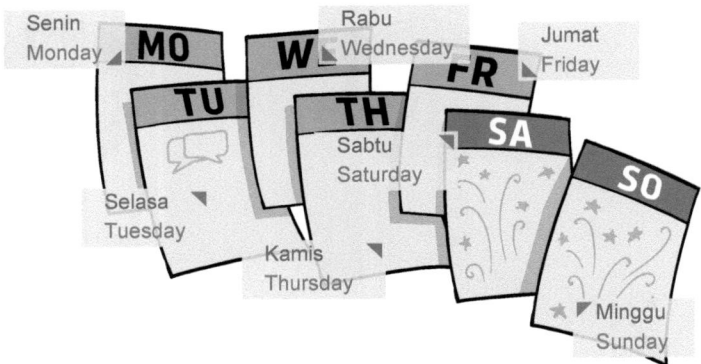

Senin — Monday
Rabu — Wednesday
Jumat — Friday
Selasa — Tuesday
Kamis — Thursday
Sabtu — Saturday
Minggu — Sunday

kemaren

yesterday

hari ini

today

besok

tomorrow

pagi

morning

siang

noon

malam

evening

MO	TU	WE	TH	FR	SA	SU
1	2	3	4	5	6	7
8	9	10	11	12	13	14
15	16	17	18	19	20	21
22	23	24	25	26	27	28
29	30	31	1	2	3	4

hari kerja

business days

MO	TU	WE	TH	FR	SA	SU
1	2	3	4	5	6	7
8	9	10	11	12	13	14
15	16	17	18	19	20	21
22	23	24	25	26	27	28
29	30	31	1	2	3	4

akhir minggu

weekend

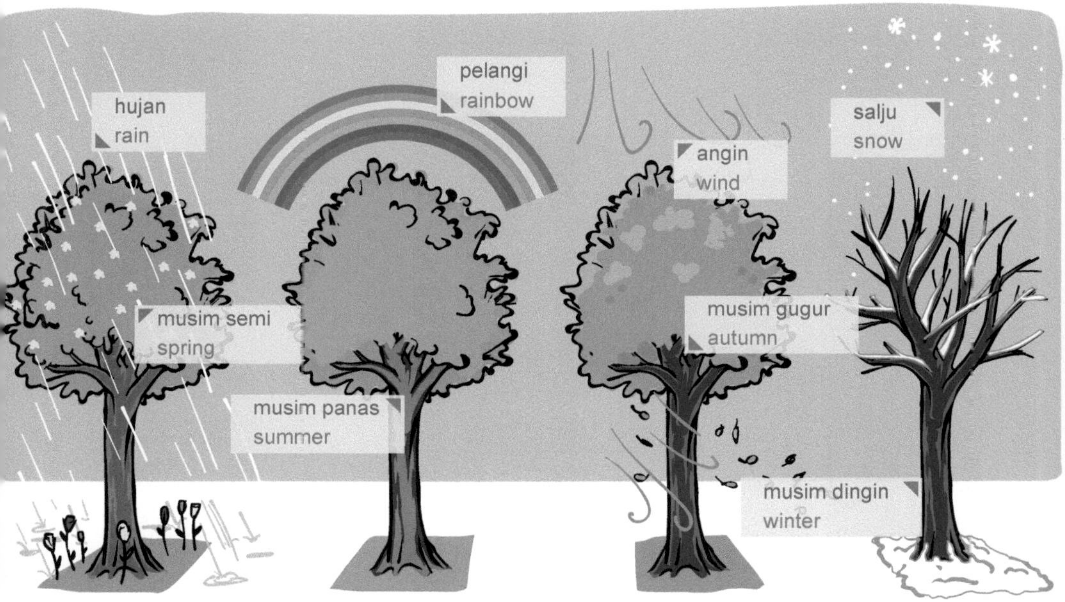

hujan
rain
pelangi
rainbow
angin
wind
salju
snow
musim semi
spring
musim panas
summer
musim gugur
autumn
musim dingin
winter

4.APRIL 11°
5.APRIL 4°
6.APRIL 13°
7.APRIL 8°
8.APRIL 10°

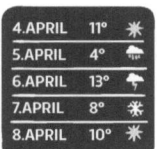

ramalan cuaca

weather forecast

F C
120 40
90 30
60 20
30 10
0 0
-30 -10
-20

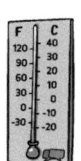

termometer

thermometer

matahari

sunshine

awan

cloud

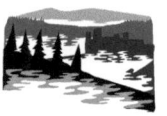

kabut

fog

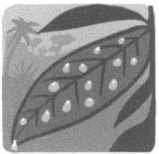

kelembahan

humidity

kilat

lightning

guntur

thunder

badai

storm

hujan es

hail

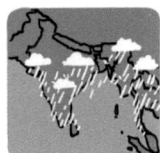

monsun

monsoon

banjir

flood

es

ice

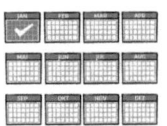

Januari

January

Februari

February

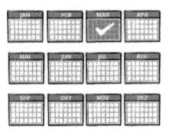

Maret

March

April

April

Mei

May

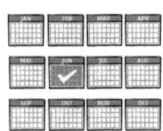

Juni

June

Juli

July

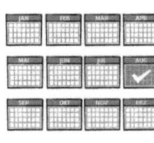

Agustus

August

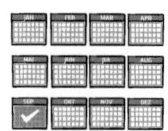

September

September

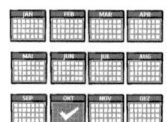

Oktober

October

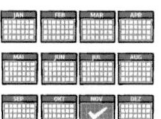

November

November

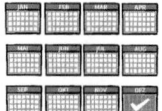

Desember

December

bentuk
shapes

lingkaran

circle

persegi

square

persegi panjang

rectangle

segi tiga

triangle

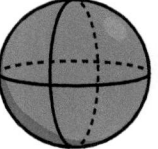

bola

sphere

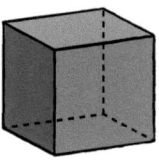

kubus

cube

warna-warna
colours

putih

white

kuning

yellow

oranye

orange

pink

pink

merah

red

ungu

purple

biru

blue

hijau

green

coklat

brown

abu-abu

grey

hitam

black

banyak / sedikit

a lot / a little

marah / tenang

angry / calm

cantik / jelek

beautiful / ugly

mulaih / selesai

beginning / end

besar / kecil

big / small

terang / gelap

bright / dark

saudara laki-laki / saudara perempuan

brother / sister

bersih / kotor

clean / dirty

lengkap / tidak lengkap

complete / incomplete

hari / malam

day / night

mati / hidup

dead / alive

luas / sempit

wide / narrow

dapat dimakan / tidak dapat dimakan

edible / inedible

jahat / baik

evil / kind

bersemangat / bosan

excited / bored

gemuk / kurus

fat / thin

pertama / terakhir

first / last

teman / musuh

friend / enemy

penuh / kosong

full / empty

keras / lembut

hard / soft

berat / enteng

heavy / light

lapar / haus

hunger / thirst

sakit / sehat

ill / healthy

ilegal / legal

illegal / legal

cerdas / bodoh

intelligent / stupid

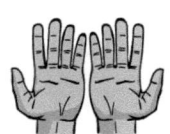

kiri / kanan

left / right

dekat / jauh

near / far

baru / bekas

new / used

tidak ada apapun / sesuatu

nothing / something

tua / muda

old / young

nyala / mati

on / off

buka / tutup

open / closed

tenang / keras

quiet / loud

kaya / miskin

rich / poor

benar / salah

right / wrong

kasar / halus

rough / smooth

sedih / gembira

sad / happy

pendek / panjang

short / long

pelan-pelan / cepat

slow / fast

basah / kering

wet / dry

hangat / sejuk

warm / cool

perang / damai

war / peace

angka-angka
numbers

0	**1**	**2**
nol	satu	dua
zero	one	two
3	**4**	**5**
tiga	empat	lima
three	four	five
6	**7**	**8**
enam	tujuh	delapan
six	seven	eight
9	**10**	**11**
sembilan	sepuluh	sebelas
nine	ten	eleven

12

duabelas

twelve

13

tigabelas

thirteen

14

empatbelas

fourteen

15

limabelas

fifteen

16

enambelas

sixteen

17

tujuhbelas

seventeen

18

delapanbelas

eighteen

19

sembilanbelas

nineteen

20

duapuluh

twenty

100

seratus

hundred

1.000

seribu

thousand

1.000.000

juta

million

bahasa-bahasa
languages

Inggris

English

bahasa Inggris Amerika

American English

bahasa Cina Mandarin

Chinese Mandarin

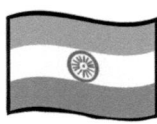

bahasa Hindi

Hindi

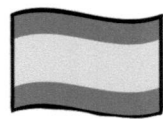

bahasa Spanyol

Spanish

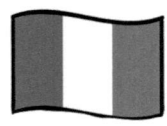

bahasa Perancis

French

bahasa Arab

Arabic

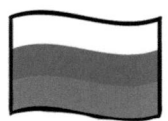

bahasa Rusia

Russian

bahasa Portugis

Portuguese

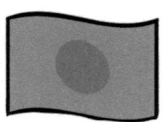

bahasa Bengal

Bengali

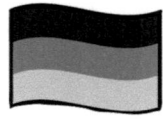

bahasa Jerman

German

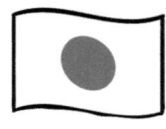

bahasa Jepang

Japanese

saya

I

kamu

you

dia

he / she / it

kita

we

kalian

you

mereka

they

siapa?

who?

apa?

what?

begaimana?

how?

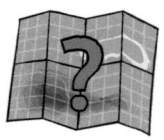

dimana?

where?

kapan?

when?

nama

name

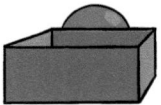

dibelakang

behind

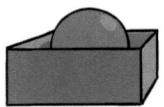

di

in

didepan

in front of

diatas

over

diatas

on

dibawah

under

sebelah

beside

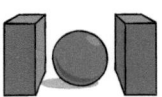

di antara

between

tempat

place